NEREIDE SCHILARO SANTA ROSA

Arte-educadora e professora com especialização em educação infantil. Coordenadora pedagógica da Rede Municipal de Ensino em São Paulo. Autora premiada pela Fundação Nacional do Livro Infantil e Juvenil e pelo Jabuti 2004.

Chico Papeleta

e a reciclagem de papel

Ilustrações: Avelino Guedes

2ª edição

São Paulo, 2012

MODERNA

1ª edição, 2006

COORDENAÇÃO EDITORIAL: Lisabeth Bansi
ASSISTÊNCIA EDITORIAL: Paula Coelho
COORDENAÇÃO DE PRODUÇÃO GRÁFICA: Dalva Fumiko N. Muramatsu
COORDENAÇÃO DE EDIÇÃO DE ARTE: Camila Fiorenza
PROJETO GRÁFICO: Camila Fiorenza
DIAGRAMAÇÃO: Cristina Uetake, Vitória Sousa
ILUSTRAÇÕES: Avelino Guedes
TRATAMENTO DE IMAGENS: Arleth Rodrigues, Fabio N. Precendo
COORDENAÇÃO DE REVISÃO: Elaine Cristina del Nero
REVISÃO: Leila dos Santos Silva, Nair Hitomi Kayo
COORDENAÇÃO DE *BUREAU*: Américo Jesus
TRATAMENTO DE IMAGENS: Fabio N. Precendo
PRÉ-IMPRESSÃO: Alexandre Petreca, Everton L. de Oliveira Silva,
Hélio P. de Souza Filho, Marcio H. Kamoto
COORDENAÇÃO DE PRODUÇÃO INDUSTRIAL: Wilson Aparecido Troque
IMPRESSÃO E ACABAMENTO: A. S. Pereira Gráfica e Editora EIRELI
LOTE: 808306 - Código: 12077631

Dados Internacionais de Catalogação na Publicação (CIP)
(Câmara Brasileira do Livro, SP, Brasil)

Santa Rosa, Nereide Schilaro
Chico Papeleta e a reciclagem de papel /
Nereide Schilaro Santa Rosa; [ilustrações Avelino
Guedes]. — 2. ed — São Paulo : Moderna,
2012. — (Coleção Viramundo)

ISBN 978-85-16-07763-1

1. Reciclagem do lixo – Literatura infantojuvenil
2. Reciclagem do lixo – Literatura infantojuvenil
I. Guedes, Avelino. II Título. III. Série.

12-03433 CDD-028.5

Índices para catálogo sistemático:
1. Reciclagem do lixo : Literatura infantil 028.5
2. Reciclagem do lixo: Literatura infantojuvenil 028.5

EDITORA MODERNA LTDA.
Rua Padre Adelino, 758 - Quarta Parada
São Paulo - SP - Brasil - CEP 03303-904
Vendas e Atendimento: Tel. (11) 2790-1300
www.moderna.com.br
2026
Impresso no Brasil

SUMÁRIO

O ASSUNTO DESTE LIVRO

Olá, amiguinhos.

Eu sou o Chico Papeleta. Gosto muito do meu nome. Sabem por que eu me chamo assim? Porque sou feito de papel. Mas não de um papel comum... Sou feito de um papel muito especial: o papel reciclado!

Vou contar pra vocês por que o papel reciclado é tão especial.

Em primeiro lugar, é bom saber que o papel é muito importante, pois está sempre presente em várias atividades do nosso dia a dia.

E se o papel não existisse?

Onde vocês iriam escrever, desenhar, pintar?

O saquinho de pipoca, de cachorro-quente, a embalagem de sorvete, a caixinha de remédio, o papel higiênico, os cadernos, os cartazes de propaganda, as fotografias... Tudo isso e muito mais é feito de papel. Até mesmo o dinheiro que usamos para pagar nossas contas!

Nas indústrias e nos escritórios, nas fábricas e nas escolas, na nossa casa sempre encontramos algum tipo de papel!

Ufa! São tantos lugares que fico cansado só de pensar!

Vamos ver agora por que o papel reciclado é tão importante?

Tudo começou com a vontade que o ser humano tem de escrever e desenhar suas aventuras e histórias.

Eu adoro escrever e desenhar. Vocês também gostam?

Antigamente, as pessoas usavam o papiro e o pergaminho e escreviam com pena e pincel de bambu. Foi na China que surgiu o papel parecido com esse que conhecemos hoje. Vou contar como isso aconteceu, afinal, é como se fosse contar a história do meu ta-ta-ta-ta-taravô!

O MEU TA-TA-TA-TA-TARAVÔ

Muito tempo atrás, no ano de 105, lá nas montanhas da China, um rapaz chamado Ts'ai Lun trabalhava no depósito da Corte Imperial. Na verdade, ele não estava nada contente com o trabalho. Ficava pensando em uma maneira de chamar a atenção do imperador chinês. Ts'ai Lun era ambicioso e queria se tornar uma pessoa importante na Corte, mas para isso teria que fazer algo muito especial.

Ts'ai Lun era também muito observador e inteligente. Assim como eu, hehehe. Veja o que ele fez...

Esse rapaz chinês conhecia alguns artesãos da sua aldeia que produziam uma massa que endurecia depois de pronta. Pensou, pensou e achou que isso era algo especial. Deduziu que, se aperfeiçoasse a técnica dos artesãos, poderia produzir um material muito bom para a escrita. E isso deixaria o imperador muito contente, com certeza. Afinal, na China daquele tempo se escrevia sobre a seda, que era muito cara, ou sobre pedaços de bambu, que eram pesados.

E sabem de uma coisa? Ts'ai Lun conseguiu!

Ele pegou uma bacia com um pouco de água, colocou dentro restos de roupas e tecidos usados, pedaços de cascas de árvores, de amora e de bambu. Foi amassando, rasgando, umedecendo, batendo e misturando tudo dentro da água, até que virou uma massa parecida com um mingau. Pegou uma espécie de peneira grande feita de seda e a colocou dentro da água, no fundo da bacia. Depois retirou a peneira, escorreu a água e o mingau ficou retido sobre a seda.

Adivinhem o que aconteceu? O mingau secou sobre a seda e se transformou em uma película.

Com muito cuidado, ele retirou a película e a deixou secar mais um tempo sobre uma mesa.

Quando ficou bem firme e consistente, Ts'ai Lun levou-a para o imperador e mostrou como se poderia escrever sobre ela.

Foi o maior sucesso! Se existisse jornal naquele tempo, haveria uma grande manchete:

FOI DESCOBERTO O PAPEL!!!

Mas como não havia jornal nem internet, quem comemorou mesmo foi o imperador. Ts'ai Lun foi promovido e começou a produzir muito papel na Corte.

Imaginem só! A receita de fazer papel se tornou um segredo tão grande que ficou guardada na China durante quinhentos anos!

Vocês seriam capazes de guardar um segredo por tanto tempo? Eu não...

Antigamente as pessoas usavam o papiro e o pergaminho para escrever.

O papiro era um material muito usado no antigo Egito e era feito com as folhas cortadas e amassadas de uma planta também chamada papiro, comum nas margens do rio Nilo.

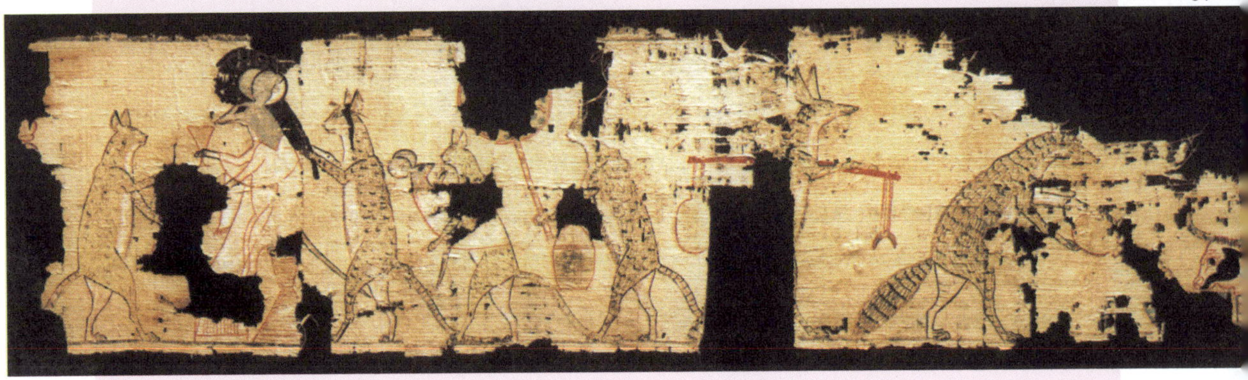

Papiro egípcio de cerca de 3 mil anos.

O **pergaminho** era feito com pele de animais como a cabra e a ovelha.

Hoje o material mais utilizado para a escrita é o papel, que é resultado de uma pasta feita de fibras de origem vegetal.

Mas, como sempre acontece, o segredo acabou sendo descoberto. Foi durante uma guerra lá na Ásia, no ano de 751. Os árabes capturaram dois chineses e eles ficaram apavorados. Eu também ficaria, porque deve ser ruim demais ser prisioneiro numa guerra, não é mesmo?

pergaminho
suporte feito de pele, usado em manuscritos e textos antigos.

Os chineses ficaram tão assustados que resolveram propor uma troca: contariam um segredo especial e os árabes os soltariam. Os árabes aceitaram. Vocês sabem qual era o segredo, não sabem? Era justamente a técnica de fazer papel desenvolvida por Ts'ai Lun.

Acho que foi um bom negócio tanto para os dois chineses como para os árabes.

E sabem de uma coisa? Por causa desse acordo o mundo todo começou a fazer papel. Ainda bem, senão eu não existiria, nem este livro, nem o caderno, o jornal, a revista, o papel higiênico...

Os árabes aprenderam rapidamente a técnica e até começaram a misturar naquele mingau pedaços de tecidos feitos de algodão, como o linho e o **cânhamo**.

Os árabes viajavam muito em caravanas. Era camelo pra cá, camelo pra lá. Compras aqui, vendas ali. Muitas conversas, muitas descobertas. Conversa vai, conversa vem, e as pessoas acabam contando as novidades umas para as outras.

cânhamo
nome de uma planta cuja haste tem ótimas fibras para fazer um tecido que também se chama cânhamo, semelhante ao linho.

Como não existia automóvel, nem ônibus, nem trem, nem avião, as pessoas demoravam muito tempo para se deslocar de um lugar para outro. Foi por isso que o papel demorou tanto tempo para ir da China para os países árabes e mais cinco séculos até chegar à Europa, por volta do ano 1200.

Devagarzinho, a técnica de fazer papel foi sendo ensinada nos países em que as caravanas passavam e nas cidades que os árabes conquistavam.

Você sabia?

Para escrever, os chineses amarravam um tufo de pelos de animais a uma tirinha de bambu e molhavam os pelos na tinta. Isso lembra um pincel, não é mesmo? Até hoje, alguns pincéis ainda são feitos de pelos, cerdas ou fios naturais, como cabelo humano.

Para facilitar a produção de papel, os europeus desenvolveram uma máquina para misturar aquele famoso mingau do Ts'ai Lun. Essa máquina, conhecida como moinho papeleiro, tinha uns martelos que amassavam os trapos de roupas e as cascas de árvores dentro das bacias com água.

Muita gente foi trabalhar nesses moinhos e, com isso, a produção aumentou. A qualidade do papel melhorou e ele ficou também mais bonito!

As pessoas começaram a escrever textos nos papéis feitos nos moinhos, mas, como não havia canetas, lápis, nem máquinas de escrever, os textos eram escritos com penas de aves e tintas feitas com pós coloridos, chamados de pigmentos.

Escrever dessa maneira era um processo muito lento e demorado e, por isso, esses textos chegavam a poucas pessoas.

Gutenberg em gravura de 1682.

Você sabia?

Acredita-se que o primeiro livro escrito e impresso no Brasil foi um relato de 60 páginas sobre a vinda do frei Antônio do Desterro Malheyro de Lisboa, em 1747, no Rio de Janeiro, onde Malheyro tornou-se bispo.

Muitos anos se passaram até que, em 1450, um alemão chamado Johann Gutenberg inventou uma forma de imprimir um mesmo texto várias vezes. Sua invenção ajudou a ampliar o uso do papel. Daí para a frente foi possível fazer várias cópias de um texto que alguém escrevia.

O sucesso foi imediato, porque naquele tempo todo mundo já gostava de ler. Eu adoro. Gosto de ler histórias, conhecer lugares e as ideias das pessoas nos livros e nas revistas.

A invenção do papel lá na China provocou a invenção da imprensa na Europa e todos nós ficamos muito contentes com tudo isso!

Gutenberg criou um processo de impressão com letras móveis que ficou conhecido como tipografia. Preparou uma tinta especial que não borrava e que era colocada sobre peças de metal desenhadas com os formatos das letras e dos números (só que ao contrário, como na ilustração). Essas peças eram organizadas pelos tipógrafos a fim de formar palavras e frases. Como essas peças eram móveis, após o seu uso elas podiam ser reaproveitadas para formar novas palavras e novas frases. Depois de organizadas, elas serviam para carimbar, ou melhor, imprimir o mesmo texto várias vezes. O primeiro livro impresso foi feito numa cidade da Alemanha chamada Mainz, entre os anos de 1450 e 1455. Imaginem se ainda hoje demorasse tanto tempo para se fazer um livro!

Primeira prensa, inventada por Gutemberg.

O mundo é assim mesmo! Sempre tem alguém inventando alguma coisa...

Vejam só: com a invenção da imprensa, a fabricação de papel aumentou. Surgiram novas máquinas e técnicas. Mesmo assim, os homens que faziam papel, chamados de papeleiros, ainda usavam trapos de pano para fazer o mingau.

Durante uma grave epidemia que matou milhares de europeus, as pessoas começaram a se preocupar com o uso de roupas usadas e panos velhos na confecção do papel, pois esses tecidos poderiam contaminar a população, propagando ainda mais as doenças.

Alguém precisava encontrar uma solução, porque ninguém mais queria viver sem papel. Vocês querem saber qual foi a solução encontrada para fabricar o papel sem usar os trapos?

Na verdade, não foi muito fácil.

O problema era o seguinte: para fazer o papel, os trapos eram umedecidos, desmanchados e rasgados em pequenas tiras. Elas é que se misturavam e ajudavam a formar o mingau. A pergunta agora era a seguinte: onde arranjar um material parecido com o dos tecidos para ajudar a formar o mingau do papel?

Muitos cientistas começaram a procurar uma solução, até que apareceu na França, em 1719, um homem chamado Reaumur. Ele estudava a natureza e gostava de observar os insetos nas florestas.

Certo dia, apesar do medo de levar picadas, ele chegou bem perto de um ninho de vespas e descobriu que ali havia um material parecido com uma folha de papel.

Curioso, percebeu que as vespas fabricavam aquele material com um mingau feito de madeira estragada. Pensou, pensou e concluiu que esse material poderia ter a mesma função dos tecidos.

Pegou um pedacinho do tronco da árvore e o esmigalhou, amassou e triturou. Depois o cozinhou na água com outros materiais. E, no final, ele conseguiu fazer o mingau do papel!

Reaumur contou sobre o sucesso de sua experiência para um monte de gente, principalmente para os papeleiros. Ele explicou que os troncos das árvores têm a mesma substância do material que forma os tecidos usados para se fazer o mingau. E foi assim que os troncos das árvores começaram a ser utilizados para formar o mingau do papel.

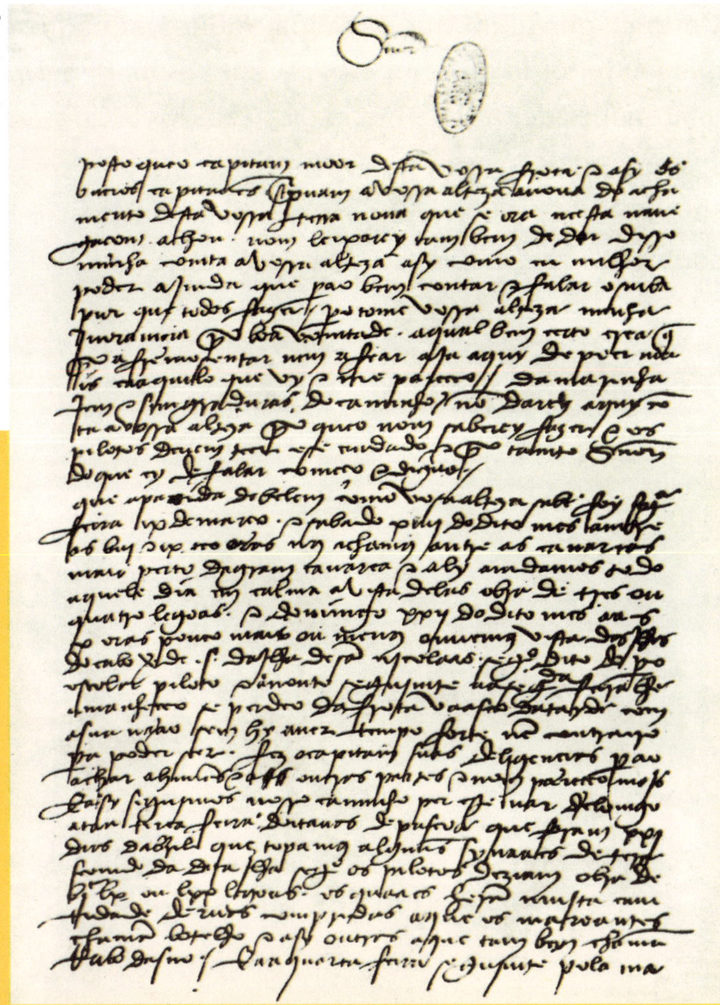

Trecho da carta de Pero Vaz de Caminha escrita ao rei de Portugal.

A produção aumentou, aumentou, aumentou tanto que saiu da Europa e se espalhou pelos países da América do Norte e da América do Sul. Surgiram vários tipos de papéis: grossos, finos, transparentes, coloridos... E também vários objetos feitos de papel: cadernos, cadernetas, caixas, livros...

O primeiro pergaminho que apareceu no Brasil foi usado para escrever a carta que Pero Vaz de Caminha enviou ao rei de Portugal quando aqui chegou, em 1500 (à esquerda). Em 1809 foi produzido o primeiro papel artesanal e iniciada a construção da primeira fábrica de papel, no Rio de Janeiro.

Atividade

Desenhem uma história em quadrinhos contando a história do papel. Com lápis e régua, façam quatro quadrinhos seriados. No primeiro, desenhem o chinês fazendo o papel; no segundo, os árabes; no terceiro, os moinhos da Europa; e, por último, o cientista francês estudando as vespas.

PAPEL DE ARTISTA

A vida de um menino folha de papel não é fácil. Imaginem as situações e os perigos que enfrento! Às vezes, aproveito o vento e voo pelo céu em direção a lugares seguros. Outras vezes, aterrisso no chão e sempre vem uma sola de sapato em minha direção. Bom mesmo é quando sou usado para a escrita ou para desenhos e fico guardado nos armários da escola. Assim é legal, porque na escola existem muitas pessoas que pensam e escrevem coisas bonitas e inteligentes.

Quando alguém me usa para escrever, eu gosto de imaginar a emoção das histórias, das palavras, observar as paisagens e os desenhos que fazem sobre mim. E quanto mais colorido, mais eu gosto! Às vezes, eu brinco que sou papel de algum artista... Vamos brincar?

Primeiro vamos saber como é que um artista pode utilizar o papel para fazer seus trabalhos.

O desenho sobre papel

Vocês devem desenhar bastante sobre papel, não é mesmo?

Eu também. Certa vez, eu desenhei na barriga de um colega feito de papelão. Foi engraçado, porque ele sentiu cócegas e deu muita risada!

Voltando ao assunto, a folha de papel serve de suporte para o artista. Ele desenha sobre o papel e o resultado depende de todos os materiais que ele escolheu: ele poderá desenhar com lápis de grafite, lápis de cor, canetas, giz de cera, tinta, lápis pastel ou carvão. E pode usar papel grosso, fino, transparente, acetinado... Se ele desenhar com caneta sobre papel de seda, o resultado será bem diferente de um desenho feito com lápis de cera sobre papel sulfite, por exemplo.

© Museu Nacional de Tóquio

Inverso, de Sessh. Arte japonesa do período Muromachi, séc. XV. Rolo suspenso, tinta sobre papel, 46,3 x 29,3cm.

No Oriente, há milhares de anos são produzidos lindos desenhos sobre papel. Os japoneses e os chineses usavam o papel para desenhar quadros com lindas paisagens e fazer caligrafia, isto é, escrever palavras em formatos diferentes, parecidos com desenhos.

Os artistas orientais mais tradicionais usam até hoje um papel feito de palha de arroz que é chamado *washi* no Japão e *xuan* na China.

No Ocidente, as pessoas também fazem desenhos sobre papel há muito tempo, mas só depois do século XV alguns desses desenhos passaram a ser considerados obras de arte. Antes, os desenhos em papel eram rascunhos para as pinturas dos artistas.

A pintura sobre papel

Vamos conversar sobre outra forma de usar o papel como material para se fazer arte: a pintura!

Vocês já pingaram uma gota de tinta sobre uma folha de papel? O que aconteceu?

Certa vez, um garoto derrubou um pingo de tinta em cima de um colega meu. Foi uma confusão! O meu colega era feito de um papel tão liso, tão liso, que a tinta escorreu e pingou no tapete da sala. O garoto levou uma bronca da mãe e passou a tomar mais cuidado ao mexer com tintas e papéis. E o meu colega? Bem, só ficou dando risada! Vocês podem imaginar como é a risada de um papel liso?

O efeito da tinta sobre uma folha de papel varia de acordo com o tipo de papel. O papel liso faz a tinta escorrer e no poroso a tinta penetra.

Para realizar uma pintura sobre papel, deve-se pesquisar o material mais adequado. A tinta aquarela é uma das preferidas para se pintar sobre uma folha de papel. Essa tinta é feita à base de água, e o papel utilizado para fazer a pintura deve ser grosso para resistir ao pincel molhado.

Se alguém me usar para fazer uma aquarela, eu vou adorar. Sabem por quê? Finalmente eu vou tomar um banho colorido!

© Rômulo Fialdini/Coleção Brasiliana, Fundação Escolar

Antigamente, alguns artistas desenhavam e pintavam pessoas e paisagens sobre folhas de papel compridas, que tinham que ser enroladas ao ser guardadas. Essas pinturas costumavam decorar paredes de mansões e templos.

A gravura sobre papel

Muito bem... Já conversamos sobre o desenho e sobre a pintura. Agora vamos conversar sobre outra técnica para a qual o artista sempre precisa do papel. Chama-se gravura! Alguns amigos meus já serviram de suporte para gravuras e me disseram que é uma técnica muito interessante! Na gravura, os artistas apertam a folha de papel com um rolo para imprimir a imagem.

Você sabia?

A litografia, do grego *lithos* (pedra) e *graféin* (grafia/escrita), é também um tipo de gravura. Essa técnica consiste na reprodução de um desenho ou de uma escrita em pedra ou metal.

A dama do chapéu vermelho, aqua de Cecílio Pla Gallardo. Coleção Blanco y Negro, Madri, Espanha.

Vistas do Brasil, de Jean-Julien del Til. Xilogravura e pintura sobre papel, 266 x 1500 cm, 1829.

Até a paisagem do Brasil serviu de inspiração para gravuras de pintores viajantes que visitaram o nosso país. Alguns desses rolos contavam histórias sem textos, como se fossem um enorme livro feito só com desenhos.

Existem papéis especiais para gravuras, aquarelas e desenhos. Eles ainda são produzidos através de processo manual, como a invenção de Ts'ai Lun.

Ao visitarem um museu de arte, vale a pena descobrir quais as obras que são feitas em papel. Se não perceberem a diferença ao olhar a obra, leiam a placa de identificação e vocês encontrarão todas as informações de que precisam.

Atividade

Para fazer esta atividade, vocês precisarão de:
- Uma folha de papel reciclado.
- Uma folha de cartolina.
- Uma folha de papel de seda.

Façam um desenho em cada tipo de papel usando sempre o mesmo material: lápis de cor e giz de cera. Comparem os trabalhos e observem os resultados. Com que papel vocês gostaram de trabalhar? Por quê?

ENCONTRANDO PARENTES E AMIGOS

A família Papeleta é muito grande e eu, sempre que posso, encontro meus parentes e amigos. Houve um tempo em que morei em uma pasta junto com vários deles. Ah... foi um tempo legal! Volta e meia eu viajava de avião junto com o dono da pasta. Fomos a muitos lugares e eu fiz muitas amizades com vários papéis interessantes em diversas regiões do Brasil.

Quando fomos ao Nordeste, era tempo das festas juninas. Foi uma beleza! Além de comer muita pipoca e canjica, eu me diverti com meus amigos papéis, mesmo ocupados em enfeitar as festas.

Pendurados como bandeirinhas, os papéis coloridos viam tudo: as quadrilhas e as brincadeiras. Ficavam balançando ao vento, acompanhando as músicas e as danças. Até me convidaram para dançar com eles, mas eu tinha que ir embora... Prometi voltar outras vezes.

Quando o dono da minha casa-pasta resolvia viajar para o Sul, eu também me divertia encontrando alguns papéis gaúchos.

Eu sempre os via voando pelos céus amarrados em um cordão. Tinham um nome engraçado: pandorga.

Com certeza vocês já viram ou brincaram com uma, mesmo não sendo gaúchos. Trata-se de uma armação de varetas de taquara coberta com papel colorido.

Você sabia?

As pandorgas são conhecidas em outros lugares do Brasil com nomes diferentes: pipa, papagaio, arraia, estrela, barril, navio... Como ela é chamada aí na sua cidade?

Certa vez, eu me diverti bastante no carnaval. Vi muita gente dançando pela rua usando máscaras feitas com um parente meu chamado papel machê.

Mais tarde, quando as pessoas foram embora, cheguei perto e chamei uma das máscaras para conversar. Sabem de uma coisa? Ela estava com tanto sono e cansada que nem quis saber de papo.

"Não tem importância", pensei. "Quando chegar em casa vou fazer uma máscara de papel bem bonita só para poder conversar bastante com ela!"

Em outra viagem, estava visitando a cidade de São Paulo e aproveitei para encontrar alguns amigos japoneses que viviam em um bairro chamado Liberdade.

Encontrei todos eles bem atarefados, participando de uma peça de teatro, transformados em vários personagens de origami. Eles estavam dobrados em formato de pássaros, peixes, sapos, palhaços, chapéus, cata-ventos. Eu me animei também e naquele dia me transformei em um lindo barco de papel reciclado!

Dizem que os monges japoneses já faziam origami no século VI para usá-los em cerimônias religiosas. As dobraduras que eles desenvolveram foram sendo transmitidas através de gerações pelas pessoas ricas do Japão, pois o papel fabricado manualmente era raro e caro. No ano de 1797, foi publicado um livro chamado *Senbazuru Orikata*, que pode ser traduzido por "como dobrar mil garças", e o origami passou a ser popular e até ensinado em escolas japonesas.

OS DIFERENTES PROCESSOS DE FABRICAÇÃO DO PAPEL

Outro dia, depois de pintar, desenhar e brincar com meus amigos papéis, estava me olhando no espelho do quarto e pensei: Por que será que sou tão resistente apesar de ser tão magrinho?

O que será que existe dentro de mim? Querem descobrir comigo? Vamos ver do que realmente uma folha de papel é feita?

Rasguem uma folha de papel e a observem com uma lupa.

O que vocês veem?

Olhando com atenção, vocês verão pequenos fios no lugar em que a folha foi rasgada. Eles são tão finos que até parecem fios de cabelo. Nós chamamos esses pequenos fios de fibras.

Num pedaço de papel existem bilhões de fibras. Elas são feitas de celulose, uma substância que se encontra nas células que formam as fibras das árvores e das plantas. Elas ficam muito juntinhas e entrelaçadas e formam uma película que será usada para fazer a massa do papel.

Essas fibras são retiradas dos troncos das árvores, dos tecidos feitos de algodão e de restos de papéis usados.

Descobriram por que sou forte e resistente? Porque fui feito com **celulose**!

Dependendo do tipo de papel que se quer obter, podemos utilizar diferentes materiais no processo de fabricação.

celulose
substância vegetal encontrada nas células das plantas e utilizada como matéria-prima na produção do papel.

O papel feito de fibras do algodoeiro

As fibras de celulose da planta do algodão são fortes e resistentes e servem para fazer papéis especiais, que precisam durar bastante tempo.

Hoje em dia essas fibras de celulose encontradas nos tecidos feitos de algodão ainda são utilizadas para fazer papel, tal como se fazia antigamente na China e na Arábia.

O Brasil e muitos outros países usam cédulas de dinheiro feitas com as fibras do algodão.

© Banco Central do Brasil

O papel feito com troncos de árvores

Dentro do tronco das árvores existe uma fibra que é transformada em papel. Algumas árvores possuem fibras de celulose mais adequadas para isso. O eucalipto é a melhor, mas o pinheiro também tem boas fibras de celulose.

Atualmente as árvores utilizadas na fabricação do papel não são simplesmente retiradas da natureza; elas são plantadas com essa finalidade e seu cultivo é estudado e controlado. Existem pessoas especializadas em estudar e controlar o plantio e o replantio dos eucaliptos e diminuir o impacto no ambiente. As fábricas de papel obedecem às leis ambientais, mantendo a produção de mudas e protegendo o solo das áreas de plantio das florestas de eucalipto.

Plantação de eucaliptos em Mucuri (BA).

© Cortesia Suzano

Vocês se lembram como o papel era feito na China? Muita coisa ainda continua igual. Vejam só...

Primeiro, os troncos das árvores são triturados, lavados e colocados em tanques com água e soda cáustica para serem cozidos até formar uma massa chamada pasta de celulose. Depois são colocados vários produtos químicos na pasta, entre eles um que deixa o papel bem branquinho. Daí a pasta é filtrada em uma tela para formar uma película e é colocada para secar em grandes bobinas que giram com bastante velocidade.

Durante o processo, o fabricante decide que tipo de papel quer. Ele pode colocar corantes para obter papéis coloridos, ou usar o caulim, um tipo de argila branca e macia, para deixar a folha de papel mais lisa.

Você sabia?

Deve-se plantar o eucalipto no meio da vegetação nativa e utilizar a madeira só depois de as árvores completarem sete anos para se preservar a fauna e a flora do local.

Você sabia?

As primeiras árvores usadas nas indústrias de papel foram os pinheiros e os abetos, mas essas espécies demoram muitos anos para crescer, até 80 anos!

E O PAPEL VIRA LIXO...

Depois que os vários tipos de papel ficam prontos, são consumidos de diferentes maneiras em todos os lugares e por todas as pessoas. Encontramos papéis nos escritórios, nas escolas, nos supermercados, nas casas, nas lojas...

Eu, por fazer parte da grande família dos papéis, tenho orgulho em ajudar as pessoas. Mas fico triste demais quando vejo que muitos papéis são maltratados e jogados nas ruas. Eles são levados para uma montanha de lixo e nunca mais são reaproveitados.

Isso é muito ruim. Sabem por quê?

Você sabia?

Segundo dados da Associação Brasileira de Empresas de Limpeza Pública e Resíduos Especiais (Abrelpe), em 2010, foram produzidos 61 milhões de toneladas de resíduos sólidos urbanos, cerca de 380 quilos de lixo por habitante ao ano.

Os papéis que são jogados no chão vão parar nos bueiros. Sabem o que acontece depois? Os bueiros ficam entupidos e provocam enchentes quando chove.

Depois, os papéis são levados pela correnteza até os riachos e os córregos, chegando aos rios e poluindo as águas, pois apodrecem junto com outros tipos de lixo. As bactérias vão se reproduzindo e, sem ar, os rios morrem.

Se os papéis forem recolhidos pelos lixeiros e misturados com o lixo que sai da lixeira de nossa casa, dos escritórios e das indústrias, o que acontece pode ser ainda pior... Eles poderão ser enterrados em aterros sanitários, onde não se desmancharão e ficarão ali prejudicando o meio ambiente. Na verdade, o papel é um material **biodegradável**, mas, ao ser enterrado sob uma camada impermeável, as bactérias não respiram e não comem o **refugo** de papel. Por isso ele não se desmancha.

No aterro sanitário o lixo é compactado por tratores para que ocupe o menor espaço possível e deixe o terreno firme. Depois ele é coberto com uma camada de areia. Dessa forma, evita-se mau cheiro, incêndios e invasão de ratos e insetos. Um aterro sanitário deve estar distante no mínimo 400 metros de um curso de água para não contaminá-lo.

biodegradável
material que se decompõe rapidamente por meio da ação das bactérias.

refugo
o que foi posto de lado; resto.

Aterro sanitário na cidade de São Paulo.

O aterro sanitário ocupa muito espaço, pois recebe todo tipo de lixo.

Infelizmente, a maioria dos restos de papel das cidades ainda é levada para os aterros sanitários ou fica jogada nas ruas e calçadas.

De qualquer jeito, os papéis usados e misturados ao lixo comum não "vivem" mais e não podem ser reaproveitados. Vamos pensar o que podemos fazer para melhorar essa situação? Muitos papéis poderiam continuar "vivos", mesmo depois de usados.

Eu mesmo já fui outros papéis e me transformei, agora, no Chico Papeleta.

Todas as pessoas podem ajudar a fazer com que os papéis usados se transformem novamente em outros papéis. Vocês também!

Pra começar, que tal não jogar papel no chão? Quando não der para reciclá-lo, joguem-no na lixeira. *Façam a sua parte!*

Vocês também podem colocar os papéis usados de sua casa e de sua escola em um recipiente separado do lixo comum e doá-los aos catadores de papel, que vão vendê-los para empresas de reciclagem.

Algumas vezes, o lixo comum é levado para as usinas de compostagem, onde é selecionado. O que não é orgânico, como papel, trapos, latas de alumínio, garrafas de vidro e de plástico, é levado para os aterros sanitários ou para as usinas de reciclagem. E o lixo orgânico, como cascas de frutas e restos de alimentos, é utilizado para produzir um material chamado composto, que servirá como adubo para fertilização do solo.

Você sabia?

O Brasil eliminou um total de 60,8 milhões de toneladas de lixo sólido só no ano de 2010. E cada brasileiro produziu 378 quilos de lixo. Até 2009, mais de 23 milhões de toneladas de lixo ainda não tinham destinação adequada em aterros sanitários.

Você sabia?

Em 2010, foi aprovada uma lei nacional para resíduos sólidos, e todos os municípios, até 2014, deverão dar uma destinação adequada ao lixo. Ou seja, tudo aquilo que puder ser reaproveitado deverá passar por algum processo de recuperação, reutilização ou reciclagem.

O MAPA DO TESOURO: OS TRÊS Rs

Depois de conhecer os problemas que os restos de papel causam ao meio ambiente, como vocês e todas as pessoas podem colaborar para que isso não aconteça?

Eu aprendi o caminho do "tesouro". Devemos começar a praticar os três Rs!

Vamos, então, imaginar uma "caça ao tesouro"? Leiam cada passo e imaginem o tesouro que vocês descobrirão no final.

Reduzir o consumo e o desperdício de papel.

É muito importante não desperdiçarmos os papéis que consumimos e aproveitarmos de uma forma melhor as coisas que compramos.

- Não arranque folhas de seu caderno sem necessidade.
- Ao escrever um texto no computador, revise-o antes de imprimi-lo.
- Não jogue folhetos de propaganda nas ruas e avenidas. Não os aceite se você não quiser lê-los.

Antes de jogar fora um papel, analisem se vocês precisam mesmo fazer isso. Verifiquem se ele pode ser reaproveitado para outra coisa.

É muito legal a gente criar brincadeiras e descobrir novas formas de usar o mesmo papel. Experimentem. Vocês vão gostar!

- Aproveitem os dois lados do papel para desenhar, escrever ou imprimir.
- Reaproveitem pastas de papelão que já foram utilizadas.
- Reutilizem sacolas, saquinhos, caixas e embalagens de papel.
- Aproveitem restos de papel para realizar trabalhos manuais.

Reciclar os papéis usados.

Nosso tesouro está aqui: a reciclagem é um conjunto de ações que leva o lixo a se transformar em matéria-prima para a confecção de novos produtos.

Ela ajuda a diminuir a poluição, os gastos com energia elétrica e o uso de produtos químicos, economiza tempo na produção de novos produtos e ainda dá empregos para as pessoas.

Mas tudo isso não acontece como se fosse mágica. Há muita gente envolvida em todo o processo de reciclagem. Algumas pessoas recolhem o lixo, outras o separam e outras ainda o transportam para a fábrica de reciclagem.

Quase sempre nós nem percebemos que estamos utilizando um produto que já foi reciclado, pois ele pode ficar bem diferente do produto original.

© Moacir Lopes Júnior/FolhaPress

Aparas de papel que serão usadas na fábrica de papel reciclado.

LARANJA:
resíduos perigosos

PRETO:
madeira

VERMELHO:
plástico

ROXO:
resíduos radioativos

MARROM:
resíduos orgânicos

VERDE:
vidro

CINZA:
resíduo geral não reciclável, misturado ou contaminado, não passível de separação

BRANCO:
resíduos ambulatoriais e de serviços de saúde

AMARELO:
metal

Aqui vão algumas dicas:

• Quando vocês forem ao mercado, vejam se a embalagem do produto que vocês ou sua mãe vão comprar tem o símbolo da reciclagem.

• Realizem a coleta de restos de papéis de sua casa e da sua escola. Convidem seus colegas, amigos e parentes para fazerem o mesmo.

• Peçam para seus pais separarem os restos de papéis em casa, como jornais, revistas, sacolas e embalagens longa-vida limpas, ou trazer papéis usados do escritório.

• Juntem o que seus pais separaram, coloquem em um lugar seco, façam um pacote bem firme e doem tudo aos catadores. Ou então coloquem nas caixas coletoras de sua cidade.

• Se preferirem, enviem sua coleta diretamente para as cooperativas de catadores de papel, sucateiros ou entidades assistenciais.

Fazendo tudo isso, vocês realmente encontrarão um TESOURO: vão ajudar a melhorar nosso meio ambiente, colaborando para a reciclagem do papel.

Atividade

Reúnam-se com alguns colegas, escrevam e apresentem uma peça de teatro sobre a importância dos três Rs. Deem algumas dicas para a redução do consumo e a reutilização do papel. Convidem outras classes para assistirem à peça. Divulguem, conscientizem!

BOM PARA O MEIO AMBIENTE E PARA A COMUNIDADE

No capítulo anterior, conversamos sobre os três Rs: **reduzir, reutilizar** e **reciclar**. Eu contei que existem produtos reciclados e produtos recicláveis, isto é, que podem ser reciclados. Explicando melhor: os produtos reciclados são os que foram feitos com materiais recicláveis.

Eu sou um produto reciclado, o resultado do reaproveitamento de outros papéis. Não sei exatamente que tipos de papéis foram utilizados para me criar. Tomara que eu tenha sido feito de folhas de dicionários, livros, redações, cartas de amor...

Você sabia?

Atualmente, no Brasil, a reciclagem industrial recupera 38% dos papéis e 60% do papelão, aquele papel grosso que se usa para fazer caixas e embalagens grandes.

Vamos rever quais as contribuições do uso de papel reciclado?

- Diminuição do corte de árvores e do consumo de água e energia.
- Redução da poluição do ar e dos rios.
- Redução do volume de lixo nos aterros.

Entenderam por que é tão importante reciclar?

Cada tonelada de papel reciclado pode poupar, em média:

- 30 ou mais eucaliptos adultos.
- 2,5 barris de petróleo.

- Metade da água usada na fabricação do papel normal.

- 3 metros cúbicos do volume de lixo nos lixões e aterros.

A produção de papel reciclado reduz:

- 74 % de poluentes liberados no ar
- 35 % de poluentes despejados na água

Reciclar uma tonelada de papel-jornal evita:

- a emissão de 2,5 toneladas de dióxido de carbono na atmosfera

(Fonte: http://www.stoa.usp.br/cecae)
Acesso em: 14 ago. 2012.

Cada tonelada de papel novo gasta:

- 60 eucaliptos
- 100 mil litros de água
- 5000 kw/h de energia

A reciclagem de papel na fábrica

Quando as famílias e os funcionários de escritórios e empresas separam os papéis usados para os catadores, inicia-se o processo de reciclagem.

Primeiro são feitos pacotes com os refugos de papel. Os pacotes são recolhidos pelos catadores e levados para um lugar onde eles se reúnem para organizar todo o material conseguido nas ruas. Os papéis são selecionados por tipos (jornais, papelão e papéis de escritório) e dispostos em grandes pacotes, chamados fardos. Depois, são enviados para a fábrica que faz reciclagem de papel. Isso acontece todos os dias.

Aparas de papel para reciclagem na fábrica de Suzano, em São Paulo.

Você sabia?

Para ser fabricado, o papel reciclado precisa de 60% menos energia e água do que o papel novo.

Esses fardos são classificados pelos fabricantes em dois grupos: o grupo pós--consumo, que são os papéis que já foram utilizados por alguém em algum lugar, e o grupo pré-consumo, que são as aparas, isto é, pedaços de papel que sobraram nas fábricas e nos escritórios e que não foram utilizados. As fábricas de papel reciclado recolhem as aparas, inclusive de outras fábricas, e as utilizam como matéria-prima no preparo do papel reciclado.

Portanto, os fabricantes de papel reciclado realizam um serviço muito importante, dando emprego para muita gente e valorizando a coleta dos catadores de rua, além de ajudar a resolver a questão do lixo e a preservar o meio ambiente.

A fábrica de papel compra os fardos dos catadores. Aí é que começa o processo de fabricação. Os papéis usados são colocados em um liquidificador enorme, onde são triturados dentro de um grande tanque com bastante água. Aí se forma um mingau, ou melhor, a pasta de celulose. No fundo do liquidificador existe uma peneira embaixo de uma espécie de ventilador chamado rotor. Essa peneira filtra as sujeiras e impurezas da pasta: pequenos objetos metálicos, como clipes e grampos, fibras e pedacinhos de plásticos.

Em seguida, a pasta de celulose passa por várias outras peneiras, cada vez mais finas, e vai para outros tanques fechados para ser centrifugada. Quando está bem limpinha, a pasta de celulose reciclada é colocada em filtros e enviada para outros tanques, onde fica guardada.

Você sabia?
Pelo Brasil afora existem instituições e cooperativas que fazem coleta seletiva e colaboram para a reciclagem de papel. Para saber quais estão mais próximas de vocês, visitem o *site* www.cempre.org.br Acesso em: 21 ago. 2012.

Uma parte dessa pasta é usada na produção de papel-cartão. Outra parte é prensada em blocos e levada para as fábricas de papel reciclado. Esse é o papel que será usado em livros, revistas, embalagens e tantas outras coisas.

Ufa! Foi assim que eu nasci!

Do ponto de vista ambiental, o lixo urbano representa um dos maiores desafios das cidades. Em São Paulo, aproximadamente 20 mil catadores recuperam 5% do lixo urbano. Cada um retira 3 a 4 toneladas por mês, salvando 750 toneladas por dia, ou seja, 1 milhão de toneladas por ano, economizando para a prefeitura em coleta e operação de aterro.

Atividades

- Organizem a Semana da Coleta Seletiva na escola. Formem um grupo com seus colegas e visitem uma cooperativa de catadores de papel.
- Façam um jornal com texto e desenhos sobre a coleta seletiva e o trabalho que essas pessoas fazem na cidade, as suas dificuldades e sua importância para a reciclagem de papel.
- Organizem uma exposição com os jornais de todos os grupos de trabalho da escola.
- Façam um debate com os professores sobre a melhoria da qualidade de vida dessas pessoas.

VOCÊS E A RECICLAGEM DE PAPEL

Os papéis bons para a reciclagem e que vocês podem enviar para a coleta seletiva são: caixas de papelão, jornais, revistas, rascunhos, papel de fax e embalagens longa-vida.

Não se esqueçam de que existem tipos de papéis que não podem ser reciclados: o papel higiênico, o papel-carbono, as fitas e etiquetas adesivas e as fotografias. Esses papéis possuem colas, produtos químicos ou sujeiras que prejudicam o resultado no processo de reciclagem.

Agora, eu vou ensinar a vocês como reciclar, em casa, uma pequena quantidade de papel. É divertido!

Importante: Peçam a ajuda de um adulto para evitar acidentes.

Vocês vão precisar de:

- Uma peneira de fundo plano.
- Diferentes tipos de papel.
- Uma bacia larga.
- Folhas de jornal.
- Pano seco.
- Água.

Modo de fazer:

1. Rasguem os papéis (menos os jornais) em pedaços bem pequenos.

2. Coloquem os pedaços de papel em uma bacia com água por 24 horas.

3. Separem pequenas porções do papel molhado e batam no liquidificador com um litro de água até desmanchar bem e formar uma massa. Peçam a ajuda de um adulto para utilizar o liquidificador.

4. Coloquem a massa novamente em uma bacia com água pela metade. Agitem a massa com a mão para que ela não fique depositada no fundo da bacia.

5. Coloquem a peneira dentro da água pela lateral da bacia com cuidado e depois a retirem deixando uma camada fina de massa de papel dentro dela.

6. Passem a mão para retirar o excesso de água. Coloquem a peneira com a massa sobre algumas folhas de jornal para secar. Troquem o jornal quando estiver encharcado.

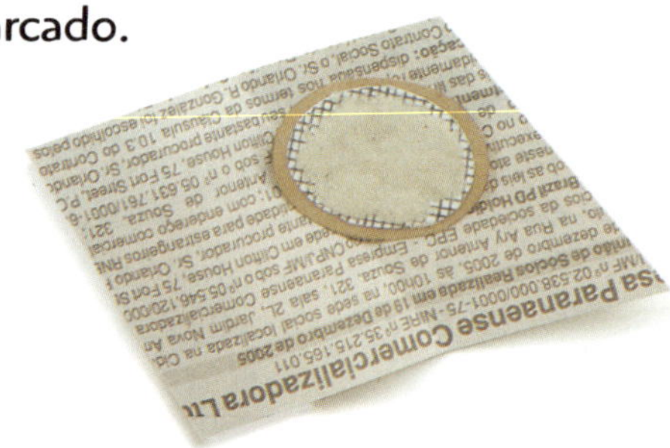

7. Cubram a peneira com um pano e apertem com a mão até a massa ficar quase seca e se tornar uma folha de papel reciclado.

8. Virem a folha de papel reciclado sobre uma folha de jornal seco. Ela deverá se soltar com facilidade. Se isso não ocorrer, repitam o processo.

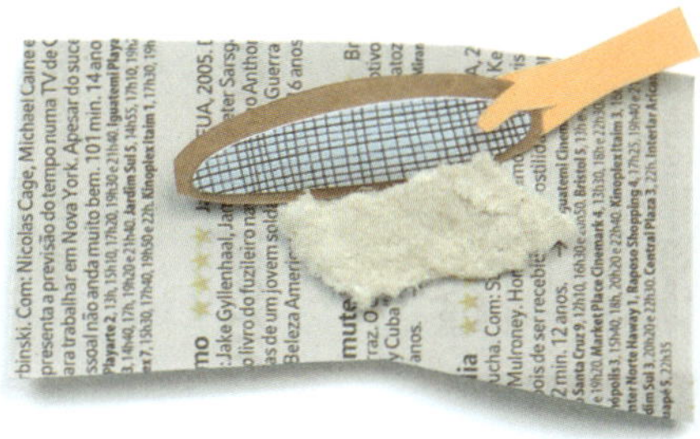

9. Coloquem a folha de papel entre folhas de jornal por 24 horas ou a pendurem no varal para secar.

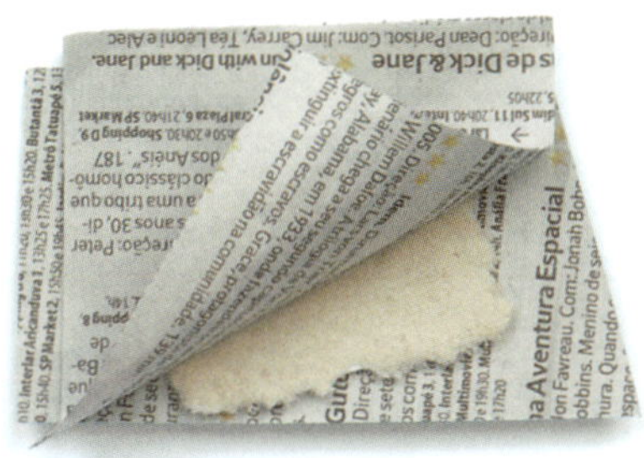

10. No dia seguinte, seu papel reciclado estará pronto!

11. Guardem as sobras de massa de papel em potes com tampas na geladeira se quiserem fazer mais papel num outro dia.

Atividades

- Usem as folhas de papel reciclado que vocês acabaram de fazer como papel de carta. Façam um desenho bem bonito na parte superior de cada folha.
- Separem algumas folhas e confeccionem envelopes para suas cartas.

PARA FINALIZAR A CONVERSA

Antes de ir embora, ainda vou contar pra vocês mais algumas coisas interessantes sobre o papel reciclado.

Vocês sabiam que essa história de reciclar papel é bem antiga aqui no Brasil? Há mais de um século, as primeiras fábricas brasileiras já utilizavam papéis usados para fazer novos papéis. No entanto, com o progresso, o consumo de papel aumentou tanto que os fabricantes buscaram outras alternativas, como os troncos de árvores, para aumentar a produção. O interessante é que a quantidade de restos de papel também aumentou, o que acabou ajudando a reciclagem a continuar existindo.

A primeira fábrica de papel no Brasil se localizava no bairro de Andaraí Pequeno, hoje bairro da Tijuca, na cidade do Rio de Janeiro, e foi construída a partir de 1809, por dois industriais portugueses, Henrique Nunes Cardoso e Joaquim José da Silva. Em 1837, foi construída outra fábrica, também no Rio de Janeiro, por André Gaillard, e, em 1841, Zeferino Ferraz instalou outra fábrica no Engenho Velho. Onze anos mais tarde, o Barão de Capanema construiu uma fábrica perto de Petrópolis, produzindo papel de ótima qualidade. No estado de São Paulo, foi iniciada a construção de uma fábrica na região de Itu e Salto no ano de 1889 e que funciona até hoje.

Felizmente, hoje existem fábricas que fazem só papel reciclado. E, como vocês já aprenderam, elas utilizam o refugo de papéis como matéria-prima.

Amiguinhos, nunca se esqueçam disso: reciclar o papel é bom para a natureza e para os seres humanos também. Espalhem essa ideia!

E, para terminar, tenho uma surpresa! Adivinhem só... Eu fui reciclado novamente e agora me usaram para fazer este livro que está em suas mãos!

Legal, não é?

Atividades

- Escrevam uma carta para o Chico Papeleta em uma folha de papel reciclado.
- Organizem uma campanha em sua escola para recolher aparas de papel e encaminhar para locais que fazem reciclagem de papel. Façam cartazes e folhetos sobre o assunto e distribuam-os pelos corredores da escola, para que todos participem!

NEREIDE SCHILARO SANTA ROSA

Nasci em São Paulo, sou neta de portugueses e italianos. Quando criança, brincava de fazer roda, pega-pega, casinha, empinar pipa e principalmente de escolinha. Eu era sempre a professora! Também gostava muito de desenhar e pintar.

O tempo passou, fiz faculdades e fui trabalhar como pedagoga e professora de artes e de música, que estudo desde os 6 anos. Eu ensinava meus alunos sobre a importância de se preservar o meio ambiente para nosso futuro e recomendava a reciclagem de papéis, cadernos, livros e tudo o que pudesse ajudar a melhorar nossa qualidade de vida.

Aqui em casa todos nós praticamos a reciclagem de materiais, separando os papéis, os vidros e as latas de alumínio do lixo orgânico e encaminhando-os para os postos de recolhimento que existem nos supermercados e nas praças.

Adorei escrever o Chico Papeleta! O nome desse personagem foi inspirado no meu marido, Francisco, e de certa forma, foi uma homenagem a ele por ser meu companheiro de leituras e escritas. Acho esse livro muito importante e tenho orgulho de tê-lo escrito, pois conta a história do papel e mostra o seu uso sustentável, além de ser divertido!

Adoro escrever para as pessoas, porque acredito que dessa maneira minha vida tem um significado maior e posso contribuir para a nossa sociedade.

Um beijo da Nereide.